Ruth Meili
Herr, öffne meine Lippen

Ruth Meili

Herr, öffne meine Lippen

Ein Wegweiser zum Lob Gottes

BRUNNEN

VERLAG GIESSEN · BASEL

REIHE „GEISTLICH LEBEN"
Herausgegeben von Jörg Ohlemacher
in Zusammenarbeit mit Reinhard Deichgräber,
Siegfried Großmann, Ingrid Reimer und Inge Wilckens
im Auftrag der Stiftung Geistliches Leben

© 2001 Brunnen Verlag Gießen
Umschlaggestaltung: Ralf Simon
Satz: DTP Brunnen
Herstellung: St.-Johannis-Druckerei, Lahr
ISBN 3-7655-9495-2

ICH TUE JETZT
WAS ICH IN ALLE EWIGKEIT
TUN WERDE:

ICH PREISE GOTT
ICH LOBE IHN
ICH DIENE IHM
UND LIEBE IHN
VON GANZEM HERZEN.

Bruder Lorenz
vom Orden der Unbeschuhten Karmeliten in Paris
auf dem Sterbebett

Inhalt

Vorwort

Schon von Kindheit an wurde ich im Lob Gottes unter-
wiesen: in den täglichen Familienandachten, beim Singen mit meiner Mutter und den Geschwistern, während
der Festzeiten des Kirchenjahres, in den Gottesdiensten,
ein- und mehrstimmig, mit den verschiedensten Gesang-
büchern.

Das Lob Gottes bekam einen ganz neuen Stellenwert
in meinem Leben durch das tägliche Stundengebet und
die Gottesdienste in der Communität Casteller Ring.
„Dem Lob Gottes nichts vorziehen" – so deuten wir ger-
ne Benedikts Ur-Wort in seiner Regel (Regula Benedicti
43,3) „dem Gottesdienst nichts vorziehen". Das heißt:
Bitten und Fürbitten, Klagen und Schreien treten zurück,
ins zweite Glied unseres Betens, und geben allen Raum
frei für das Lob und die Anbetung Gottes, für Ihn allein.
Und das nicht nur viermal täglich, nicht nur innerhalb
unseres Offiziums, nein: allezeit, „ohne Unterlass", mit
der Arbeit, mit meiner freien Zeit, mit Essen und Schla-
fen, mit meinem Reden und Hören, in und mit allem;
mit meinem Geist, mit allen meinen (auch versteckten)
Gefühlen und mit meiner ganzen Leiblichkeit. Dabei
kommt mir der Heilige Geist selbst zu Hilfe, Er, Christus
in mir, Er, der in mir wohnt und in mir „sich Gottes meines Heilandes freut" und der ruft „Abba, lieber Vater!"
– innigster Ausdruck meines Lobes und meiner Anbetung. Diese umfassende Ganzheitlichkeit des Lobes
Gottes ist eine ganz neue Wirklichkeit in meinem Leben

geworden: gelebtes Lob Gottes, in allem Ihn sehen, in allem Ihn hören, in allem Ihn erkennen, in allem mich an Ihn verlieren, mich Ihm hingeben, ganz, alles. Welch ein Anfang – welch ein Weg – welch ein Ziel!

Und so will ich andere mit hineinnehmen in das immerwährende Lob Gottes, sie verlocken, darin zu wachsen und „reich zu werden am inwendigen Menschen". Er wird einmal vor dem Thron Gottes stehen und niederfallen und anbeten in ewigem, vollendetem Lob.

Die angeführten Bibelstellen folgen – wenn nicht anders vermerkt – der Luther-Übersetzung von 1984. Die Lieder sind zitiert nach dem Evangelischen Gesangbuch (EG) und dem Gotteslob (GL).

Zur Vertiefung
1.Thess. 5,16-19; Luk. 1,47; Röm. 8,15; Eph. 3,16; 1.Kor. 13,10

Das Lob Gottes in der Heiligen Schrift

Der Lobpreis hat eine große Bedeutung für das Volk Gottes sowohl im Alten wie im Neuen Bund.

Nimmt man die Konkordanz zur Hand, so weist sie über 500 Bibelstellen auf zum Lob Gottes. Nimmt man noch die Umschreibungen dazu wie „preisen, rühmen, jauchzen, frohlocken, dienen" u.a., dann rufen uns über 1000 Bibelstellen auf, dem Lob Gottes allen Raum in unserem Leben zu geben.

Die Heilige Schrift selbst beginnt mit einem Hymnus, einem umfassenden Lobpreis auf den Schöpfer des ganzen Universums. Ebenso schließt sie im Buch der Offenbarung mit dem alle und alles einschließenden Lobpreis dessen, der auf dem Thron sitzt, und dem Lamm, das geopfert ist – von Ewigkeit zu Ewigkeit.

Und wir sind, wenn man den hebräischen Begriffen folgt (*barak* bzw. *berek* – *baruch* – *beraka*), mit heilvoller Kraft Gesegnete, Beschenkte, Gepriesene und Gelobte Gottes. Als so Gesegnete sind wir in unserer Ebenbildlichkeit erschaffen, Ihn unseren Schöpfer zu segnen (benedeien), Ihn zu loben, Ihn zu ehren. Darin findet unser Leben seinen dichtesten Sinn.

Deshalb nimmt auch die frühe Christenheit selbstverständlich den Lobpreis als wesentlichen Inhalt in ihren Gottesdienst auf. Es wird vieles aus den vertrauten jüdischen Feiern übernommen, Neues kommt dazu wie z.B. die Gregorianik – und wird als Bereicherung integriert. So hat jede Zeit ihre je eigene Ausprägung der Anbetung und des Lobes entdeckt und gelebt. Es ist ein großer Strom des ewigen Lobpreises – wie lebendiges Wasser, das ausgeht vom Thron Gottes als der Quelle allen Lobes, in das ich mit meinem je eigenen Lobpreis einmünde, das mein Leben erfüllt und segnet, ein Strom, den jeder von uns mit seinem Lob vermehrt.

Im Vollzug des Lobpreises stehe ich ganz in der Nähe Jesu, der Sein Leben aus der liebenden Hingabe an Seinen Vater im Lob und in der Anbetung ausgestaltete. Wie Er, mit Ihm und in Ihm, stehe auch ich vor dem Vater, glücklich, so in Seiner Nähe sein zu können.

Zur Vertiefung
1.Mose 1; Offb. 4; 5; 19; Eph. 1,3; 1.Mose 1,28; Kol. 3,16b; Offb. 22,1-5; Röm. 11,36

Gott loben – weil Er Gott ist

Die Heilige Schrift, insbesondere die Psalmen, fordern uns auf, Gott die Ehre zu geben, einfach, weil Er der Herr ist und Ihm allein Ehre gebührt. Das ist Gottesfurcht, wenn wir Ihn in allem rühmen und segnen und uns so unter Seine Herrschaft stellen.

So wird im Alten Testament alles Sein und Tun Gottes gepriesen, etwa Sein Name, Sein Wort, Seine Macht, Seine Gerechtigkeit, Sein Reich, Sein Handeln. Und alles wird aufgefordert, Ihn zu rühmen: Berge und Hügel, Himmel, Erde und Meer, Sonne, Mond und Sterne, die Engel, die ganze Schöpfung, alle Völker, alle Werke, alles.

Die Bibel kennt das Lob Gottes „sonder Lohne", ohne dass „es mir etwas bringt" – einfach weil Gott Gott ist, der Herr allein, Er, der Allmächtige und Heilige. Dieses Lob ist unabhängig von meiner persönlichen Situation, meiner inneren Stimmung und Laune, unabhängig von Schwierigkeiten und Kampf. Es ist Dienst an Gott, an Ihm allein, an Ihm persönlich – ein wunderbarer Dienst. Dies scheint mir die einzige Begründung dafür zu sein, dass das Volk Gottes zu allen Zeiten in höchster Not, in lebensbedrohender Lage nicht aufhörte, Gott zu loben und Ihm zu singen. Damit hat es sich und alle Verfolger in Seinen heiligen Willen hineingeborgen.

Dieser Lobpreis, Gott einfach alle Ehre zu geben, weil Er Gott ist, ist eine ganz sensible Stelle in unserem geistlichen Leben. Genau da setzt Satan im Gespräch mit

Gott über Hiob ein: „Glaubst Du tatsächlich, dass Hiob Dich umsonst fürchtet und ehrt?" Und Gott erlaubt Seinem Widersacher, diese Ur-Wurzel des Glaubens zu prüfen. Hiob bleibt seinem Gott treu, auch in allen Schmerzen, in allen Verlusten, in allen Anfechtungen; er schaut Ihn an und schreit seine tiefste Gewissheit heraus: Du hast, Du bist, Dich lobe ich, Dich ehre ich – in allem.

Wenn ich die biblischen Gestalten, vor allem die Psalmisten in ihrem Beten betrachte, dann fällt mir auf, wie ihre Gedanken im Lob stets um Gott kreisen, um Sein Wesen, Sein Handeln, Sein Sein von Ewigkeit. So ist das Herzstück, der Kern jeglichen Lobens immer Gott selbst, immer Jesus Christus, und im Lob lenke ich alle Aufmerksamkeit auf Ihn: Dir – Dich – Dein – Du immer nur Du – ganz Du – in allem Du!

Zur Vertiefung
2.Mose 7,16; 15,21; 5.Mose 8,10; 1.Sam. 2,1.2; 1.Chron. 16,31-36; 29,10-13; Hiob 1,9.21; Ps. 34,2; 63,5; 150; Jes. 6,3; Judas 25; Röm. 11,33.38

Aus der Liturgie
Das Gloria (EG 179 und EG 180)

Aus dem Gesangbuch
Gelobet sei der Herr, mein Gott, mein Licht, mein Leben (Johann Olearius, 1665 / EG 139)

Aus dem neuen Liedgut
Du bist der Höchste, o Herr, über allen Erden
(Du bist Herr 11,42)

GEBET

Du heiliger und allmächtiger Gott
Du Gott von Ewigkeit zu Ewigkeit
Du Schöpfer des Himmels und der Erde
Du Herr aller Herrn
Du allein wahrer Gott
Du ohne Anfang und ohne Ende
Du, der Du thronst im Himmel
Du, dem alle Engel dienen
Du, der Größte und Höchste
Du Unsichtbarer und Herrlicher
ich preise Deine Größe und Macht
ich preise Deine Güte und Barmherzigkeit
ich preise Deine Liebe und Treue
und staune über Dein Uns-Zugewandtsein
Deine Zu-neigung
Deine Herzlichkeit
Du ewiger Vater
Du Ursprung und Ziel
Du mein Leben
Du alles
Du

Lob Gottes mit allen Sinnen

„Die Himmel erzählen die Herrlichkeit Gottes" und „die Erde ist voll der Güte des Herrn" – so singen wir im Morgengebet, wenn alles noch im Dunkeln verborgen liegt, wenn der Tag erst seine Fühler langsam ausstreckt und die Sonne im Aufgehen uns ihre Strahlen durch die farbigen Kirchenfenster aufheiternd zusendet. Und dann treten wir heraus mit offenem Herzen, bereit, Sein Lob zu schauen und zu entdecken, wo Er uns entgegen strahlt und uns anlacht. Da sind die Amseln, die ihr Lob herausträllern, und die Tauben, die Gott gurrend preisen – einfach so, weil Gott ihr Schöpfer ist, Ihm zur Ehre und uns zum Vor-Bild. Da sind die Gerüche des Ahorns vor dem Haus, aufblühend, Lob verduftend für Ihn und zu Ihm hin und uns zum Vor-Bild, ja uns verlockend, ein Wohlgeruch Gottes zu werden, duftendes Lob Gottes. Da sind die zögernd noch sich entfaltenden Blumen im Klostergarten, gelb und rot, blau und violett, mit ihren Farben dem Herrn zulachend, einfach dankbar und ihr Schönstes verströmend. Da sind die Wolken, die über den Himmel ziehen, weiß und grau, geschlossen und heiter aufgelockert – sie alle preisen Gott durch ihr Dasein.

Was für ein aufbrechendes Lob wird uns im Frühjahr vor Augen gemalt, immer wieder, Jahr für Jahr, entgegen und trotz all unserer Verunreinigungen. Welch ein dichter Duft durchzieht das sommerliche Land. In was für ein wohlschmeckendes Lob beißen wir im Herbst, wenn die Früchte reifen und uns locken. Und im Winter: „Eis und Kälte, ihr Flocken des Schnees, lobpreiset Ihn."

So wird die Natur um uns herum, zu allen Zeiten, im Kleinen vor allem und im Großen zu einem bunten Bilder- und Lehrbuch Seines Lobes. Denn in allem schlummert und wohnt Sein Lob, und alles antwortet Ihm mit Farben und Düften, mit Säften und Tönen. Alles wird dadurch zum Lob, zum gestalteten Lobpreis, mit allen Sinnen wahrnehmbare Anbetung.

Gerade das tut uns not: neu zu schauen mit offenem Herzen, mit neuen Ohren zu hören, mit befreiter Nase zu riechen, zu schmecken und zu ertasten, wie gut unser Gott ist, damit in allem und durch alles Gott verherrlicht werde.

Zur Vertiefung
Ps. 19,1ff; 33,5; Dan. 3,57-88 (nach der Einheitsübersetzung)

Aus dem Gesangbuch
Geh aus, mein Herz, und suche Freud
(Paul Gerhardt, 1653 / EG 503)

Aus dem neuen Liedgut
Du hast uns deine Welt geschenkt
(Rolf Krenzer, 1984 / EG-BT 612)

GEBET

Mein Gott und Vater,
wie wohltuend duftet Dein Lob mir entgegen,
wenn ich über die Felder gehe
– ganz Nase für Dich
wie wohltuend erfüllt das Gezwitscher der Vögel
und das Gezirpe der Insekten meinen Lebensraum
– ganz Ohr für Dich
wie wohltuend lachen die Farben mir entgegen
und die Formen und Gestalten all dessen,
was um mich lebt und webt
– ganz Auge für Dich
wie wohltuend streichelt der Wind meine Haut
und durchlüftet der Sturm meine Haare für Dich
– ganz Gespür für Dich
wie wohltuend saftet der frisch gepflückte Apfel
und wie herzhaft schmeckt der würzige Käse
– ganz Geschmack für Dich.
Ganz für Dich, ganz zu Dir hin, mein Gott,
öffne ich mein Leben für Deine Herrlichkeit,
damit Dein Lob in mir sich ausweitet
und verwandelt, was verknotet und verhärtet
Deiner Auferweckung entgegenwartet.
Mit allen Sinnen will ich Dein Lob fassen
und mit allen Sinnen Dich umarmen.
Lob sei Dir
für Dein Leben erweckendes Locken und Handeln.

Der Mensch –
zum Lob Gottes erschaffen

In Epheser 1 ist Paulus voll des Lobes über seinen Gott, der ihn „in Christus mit allem geistlichen Segen im Himmel gesegnet hat": Er hat ihn in Christus erwählt – zum Lob Seiner Herrlichkeit; Er hat ihn in Christus zum Erben Seines Vermögens eingesetzt – zum Lob Seiner Herrlichkeit. Wie Paulus, so sind auch wir ins Dasein gerufen worden – zum Lob Seiner Herrlichkeit. Unser Lob ent-spricht dem Segen und der Liebesfülle Gottes, unsere Anbetung ent-spricht der Würde des Angeredetseins durch Ihn, unsere Verehrung ent-spricht dem Beschenktsein mit Seiner Vollmacht. Unser aufrechter Gang entspricht dem Angeschaut-Werden von Gott. Das heißt, Diener Gottes sein, das ist wahrer Gottesdienst: Ihm allein Verehrung zu erweisen, Ihm alle Ehre zu geben.

Dazu sind wir als Menschen berufen, ausgesondert und auserwählt, um in priesterlichem Dienst Gott zu verkünden, Sein Wesen, Sein Handeln, Sein ewiges Da-sein, Ihn – allein und gemeinsam – zu rühmen, Seine Macht und Stärke, Seine Herrlichkeit und Seine Weisheit, Seinen Reichtum und Seine Ehre. Ja, dazu sind wir und alles erschaffen: zu Seinem Wohlgefallen und zu Seiner Freude. Welch eine Würde wird uns Menschen da zuteil von Dem, der das, was nicht war – ich – ins Dasein rief – mich, zu Seiner Ehre! Und in Christus ist es uns geschenkt, unsere Hände zu erheben, uns aufzurichten, Ihn anzuschauen, uns Ihm zu nahen, Ihm zuzujubeln.

In der Offenbarung werden uns Anbetende gezeigt, die mit Schalen voll Rauchwerk vor dem Thron Gottes stehen. Es sind die Gebete (genauer: die Anbetung) aller Heiligen aller Zeiten, auch unsere, die als Rauchopfer vor dem Thron Gottes dargebracht und in der Gegenwart Gottes aufbewahrt werden. Unser Lob, unsere Anbetung – hier und jetzt – wird für alle Ewigkeit im Himmel aufbewahrt, vor dem Thron Gottes und dem Lamm.

Das ist es, was meinem geistlichen Leben Beständigkeit verleiht und unserem täglichen gemeinsamen Beten Ewigkeitswert schenkt: Unser Beten wird von den bereits Heimgegangenen vor Gott aufbewahrt bis in Ewigkeit. Und wenn wir bei hohen Festen Weihrauch verwenden, erinnert mich dies immer wieder an das Wort des Apostels Paulus: Euer Leben und damit vor allem auch eure Anbetung ist mit Christus in Gott verborgen, wie Rauchwerk, das in der Gegenwart Gottes aufsteigt und dort bewahrt wird.

Gott hat Sein Volk aus der Knechtschaft Ägyptens befreit, damit es Ihm in der Wüste diene: „Lass mein Volk ziehen, damit sie mich in der Wüste verehren und mir ein Fest feiern!" – befreit zum Dienst an Gott, zum Gottesdienst und damit zum Menschsein. So betet auch Zacharias: „... aus den Händen unserer Feinde befreit zu werden und Ihm in Heiligkeit zu dienen", Ihm die Ehre zu geben.

Zur Vertiefung
2.Mose 8,16; 10,9; Ps. 134; Jes. 43,7.21; Luk. 1,74.75; Röm. 11,36; Eph. 1,3-14; Kol. 3,3; 1.Petr. 2,9.10; Offb. 8,3

Aus dem Gesangbuch
Wie groß ist des Allmächt'gen Güte
(Christian Fürchtegott Gellert, 1757 / EG-BT 609)

Aus dem neuen Liedgut
Ich hab' dich je und je geliebt (Du bist Herr 1,117)

Gebet

Mit welch einer Würde hast Du uns beschenkt, Herr,
Dir zu entsprechen in unserem ganzen Sein,
Dir zu antworten mit unserer ganzen Existenz.
Wir können nur staunen, daß Du uns meinst,
daß Du uns beiseite nimmst,
uns heiligst als Dein Volk,
als Deine Gemeinde.
Wir staunen über Dein uns zugewandtes Angesicht,
das Leben und Segen für uns ist.
Wir staunen über Deine Augen,
die uns führen und leiten.
Wir staunen, dass du so ganz Ohr bist für uns.
Wir staunen über Deine Hände,
die uns bergen und halten.
Wir staunen über Deine Füße,
in deren Spuren wir unseren je eigenen Weg finden.
Wir staunen über Dein Mensch gewordenes Wort –
Jesus – für uns.
Wir staunen über Dein Für-uns-Sein –
Immanuel – Du Gott mit uns.

Wir staunen über Dich als Haupt und Herr der Gemeinde,
denn durch Dich und in Dir und mit Dir
und aus Dir sind wir alle.
Wir staunen über Deinen Mund,
den Du öffnest, um mit uns zu sprechen,
damit wir „Ich" werden und Dir ent-sprechen.
Wir staunen, dass Du uns verwandelst
zu Deinem Wohlgeruch.
Wir staunen über Dich, Herr,
wir staunen und beten Dich an.

Verweigerung des Lobes Gottes

In Römer 1,21 sagt uns das Wort Gottes in großer Deut-
lichkeit, worin der Sinn unserer Geschöpflichkeit liegt:
Gott zu preisen, Seine ewige Kraft und Gottheit anzubeten, Ihm zu danken, die Herrlichkeit des unvergäng-
lichen Gottes in allem zu loben. Damit stellt Gott unser
Leben in den großen Horizont Seines ewigen Seins. Unser Leben – immer vordergründig, vergänglich, klein,
wechselhaft; Seine Wirklichkeit – immer ewiger Unter-
und Hintergrund, allumfassende Gegenwart.

Und nun geschieht das Ver-rückte: Wir vertauschen
das Vordergründige, uns, mit dem Hintergründigen,

Ihm. Sein Bild wechselt nun je nach theologischer Geschmacksrichtung, je nach eigener Erkenntnis: Er wird immer kleiner, eine Beigabe zum allgemeinen religiösen Eintopf. Er wird bestenfalls unser Beistand in der Bewältigung unseres Alltags. Wir beginnen, ich-bezogen zu leben und nicht mehr ursprünglich Gott-bezogen; unsere Aufmerksamkeit und unsere Zu-neigung auf den verschiedensten Gebieten gilt immer mehr „fremden Göttern" – wie es die Bibel ganz deutlich ausdrückt. Gott verschwindet angesichts der persönlichen und weltweiten Problemfelder, die wir zum erdrückenden Firmament unseres Lebens, unserer Menschheit, der ganzen Schöpfung machen. Welch eine Vermessenheit, welch ein Un-Sinn, welche Un-Menschlichkeit, auch unserem eigenen Leben gegenüber! Wundern wir uns über die Folgen unseres Ver-rückens? Und flicken wir weiterhin an dem Ver-rückten herum – psychologisch, theologisch, soziologisch, medizinisch und politisch?

Es ist Gott selbst, der uns zu einer radikalen und kompromisslosen Umkehr ruft. Er ist es, der uns in Jesus Christus zurecht-rückt, uns ein neues Leben gibt, mit einem neuen Herzen und einem neuen Geist, der Ihn allein sucht und Ihm allein und vor allem die Ehre gibt: Er – unsere Vergangenheit, Gegenwart und Zukunft, Er – Ursprung und Ziel, Er – alles!

Und in diese Un-Endlichkeit Gottes stelle ich meine Endlichkeit: mein Leben – in Seine Hand gezeichnet, mein Leid – in Seiner Barmherzigkeit geborgen, meinen Mangel – an Seinem Herzen gestillt, meine Dunkelheit – in Sein Licht gehüllt, meine Armut – in Seinem Reich eingewoben, meine Kraftlosigkeit – durch Seine Macht gekräftigt. Mein Jubel erhebt Ihn, mein Lob freut Ihn, und Er wird meine Schuld „in Seiner Liebe vergeben und wird über mich mit Jauchzen fröhlich sein".

Damit wird das Lob Gottes, die Anbetung, der Dienst an Gott, der Gottesdienst, die umfassende Liturgie zum Merkmal des Volkes Gottes. Darin unterscheiden wir uns wesentlich und eigentlich von allen aktuellen Strömungen und religiösen Angeboten. Und darin liegt mit die Zukunft der Gemeinde Jesu Christi, unserer Kirche.

Zur Vertiefung
5.Mose 32,15-18; Ps. 81,9-12; Mal. 1,6; Röm. 1,18ff; 2,4; Hes. 36,26.27; Zeph. 3,16.17

Aus dem Gesangbuch
Herzliebster Jesu, was hast du verbrochen
(Johann Heermann, 1630 / EG 81 / GL 180)

Aus dem neuen Liedgut
Wohl dem, der nicht wandelt im Rat der Gottlosen
(Du bist Herr 1,237)

GEBET

Herr, unser Gott,
dass Du uns heim-holst, heim-rufst, heim-liebst
– wir beten Dich an!
Herr, unser Gott,
dass Du Deinen Sohn dahingibst,
um unserem Dahingegebensein ein Ende zu bereiten
– wir beten Dich an!
Herr, unser Gott,
dass Du unseren Tod durch Deinen Tod vernichtet hast
– wir beten Dich an!
Herr, unser Gott,
dass Du unvergängliches Leben ans Licht gebracht hast
– wir beten Dich an!
Herr, unser Gott,
dass Du unser altes Sein ans Kreuz und ins Grab
gerissen hast, um uns in Deiner Auferstehung
neues Leben aufzureißen
– wir beten Dich an!
Herr, unser Gott,
dass Du uns zu neuem Lob befreist,
zum Lob Deines heiligen Namens
– wir beten Dich an!

Gott loben, weil Er es will

Der Lobpreis hat seinen Ursprung, seine Ur-Quelle in Gott allein, in Gott selbst. Er ist es, der uns befiehlt, uns unmissverständlich auffordert, Ihn zu verehren. Und Er will es von allen Völkern, auch von uns. Deshalb ist der Lobpreis nicht einfach in unser Belieben gestellt. Er will es, dass wir uns ganz Ihm zuwenden. Ihm das Lob verweigern – mit verschiedenen Begründungen – heißt, gegen Sein Wort, gegen Ihn zu rebellieren. Er fordert uns in der Heiligen Schrift immer wieder (über 300 mal) auf, Ihn zu suchen, Ihn anzuschauen, Ihn zu preisen, Ihn allein. Halleluja, hebr. *Haw-lai jah* – „preiset Ihr den Herrn", meint, daß wir – ob allein oder gemeinsam – Gott preisen, in allen Lebenslagen.

Damit bekommt unser Beten eine klare Aus-Richtung: Er allein, keine anderen Götter, keine anderen Dienstherren, keine anderen Rauchopferaltäre, und dies mit ganzem Herzen, mit meinem ganzen Verstand, mit all meinen Kräften, mit all meinen Gefühlen. Denn Gott hat ein Recht auf unser Lob. Und deshalb ist unsere Antwort ein ganz ein-faches Ja, ein gehorsamer Lobpreis. Ich lobe Ihn, weil Er es will. Ich gebe Ihm, dem Geber, meine Gaben im Lob zurück.

Die Folgen sind kaum zu glauben: „Wer den Willen meines Vater tut, der gehört zu meiner Familie", sagt Jesus, „der lebt im Reich Gottes", „den erhöre ich", „den heilige ich und nehme ihn besonders". Unfassbare Verheißungen liegen auf dem einfachen frei-willigen und gehorsamen Lob Gottes. „Gebt, so wird euch gegeben. Ein voll, gedrückt, gerüttelt und überfließend Maß wird man in euren Schoß geben." Und immer mehr wachsen wir so in ein neues Sein vor Gott hinein, so dass wir singen und beten können: „Deinen Willen, mein Gott, tue ich gern, und Dein Gesetz hab ich in meinem Herzen."

Zur Vertiefung
2.Kön. 17,35.36; Ps. 40,9; 81,2-11; 103,21; 122,4b; Matth. 6,10; 7,21; 12,50; Luk. 6,38; Joh. 4,23; 1.Thess. 5,16-23

Aus dem Gesangbuch
Nun jauchzt dem Herren, alle Welt!
(David Denicke, 1646 / EG 288 / GL 474)

Aus dem neuen Liedgut
Kommt und laßt uns zieh'n zum Berge uns'res Herrn
(Du bist Herr 1,160)

GEBET

Herr,
Du willst mein Beten
Du hörst auf mein Reden
Du wartest auf mein Lob
Du neigst Dich hin zu meinem Schweigen
Du wendest Dich meiner Anbetung zu
Du singst mein neues Lied mit
Du jubelst mit meinem springenden Herzen
Du nimmst mein Dankopfer an
Du freust Dich an meinem Jauchzen
Du siehst meine ausgebreiteten Hände
Du bewahrst meine Gebete auf wie das Rauchopfer
Du spürst meine tiefe Sehnsucht mit.
Herr,
Du willst mein Beten –
bete Du in mir.

Das Lob Gottes verbindet uns mit dem Himmel

„Dein Wille geschehe – wie im Himmel so auf Erden."

Ein Märchen unserer Tage erzählt: „Ein armer Gänsehirt saß bei seiner Herde am Ufer des Flusses, wo die Welt beginnt. Eines Tages kam der Tod über den Fluss und sagte: ‚Du weißt, ich bin hier, um dich zu holen und dich mitzunehmen auf die andere Seite des Flusses. Sag, fürchtest du dich nicht?‘ ‚Nein‘, sagte der Hirt, ‚ich habe immer über den Fluss geschaut, seit ich hier bin, ich weiß, wie es dort ist.‘ Und als der Tod ihm die Hand auf die Schulter legte, stand er auf, ging mit ihm über den Fluss, als wäre nichts, und die andere Seite hinter dem Fluss war ihm nicht fremd. Er hatte Zeit genug gehabt hinüberzuschauen, hinüberzulauschen, mit-zu-summen und mit-zu-singen, mit niederzufallen und anzubeten, er kannte sich hier aus. Die Töne waren noch alle da, die er immer auf der Flöte gespielt hatte, und noch viel mehr Töne klangen jetzt auf, überall, eine vielstimmige Melodie, wie wenn alle Engel singen und spielen; er war sehr fröhlich. Das war schön für ihn." (Aus: Janosch erzählt Grimms Märchen, 1986)

„Wie im Himmel so auf Erden…", so beten wir oft. Der Himmel ist sowohl im Alten wie besonders im Neuen Testament als Wohnung Gottes beschrieben, der Raum, in dem Gott alles in allem ist; er ist erfüllt von Seiner Gegenwart, Seiner Größe und Allmacht, durchdrungen und geprägt von Seiner Heiligkeit und Herrlichkeit. Jesaja und Johannes sind es, die etwas von der Herrlichkeit des himmlischen Jubels sehen und davon berichten. Johannes wird ein Blick in den Himmel gewährt, ein Einblick, an dem er uns teilhaben lässt: Da sind die 24 Ältesten mit weißen Kleidern, die niederfallen vor dem Thron, um Gott anzubeten, Ihn zu besingen, Ihn zu loben und Ihm alle Ehre zu geben. Sie preisen Ihn mit voller und lauter Stimme, erheben die Hände wie viele Beter im Alten Testament und jubeln, oder sie fallen nieder auf ihre Knie und beten schweigend an, den, der von Ewigkeit zu Ewigkeit ist. Und da ist das „Lamm Gottes", geopfert für uns, die Mitte des Himmels, umgeben von den Engeln, die neue Lieder singen mit Instrumenten aller Art und umwölkt von Weihrauch als Zeichen der gnädigen Gegenwart Gottes. Und da ist die große Schar, die überhaupt nicht zu zählen ist, aus allen Nationen und Stämmen und Völkern, die in ihren Sprachen das Lamm Gottes preisen und anbeten. Es ist ein Fest, ein großer und alles umfassender Lobpreis im Himmel; der ganze Himmel singt und jubelt und jauchzt zur Ehre Gottes und Seines Sohnes. Und da sind alle Märtyrer und die volle Wolke der Zeugen und die ganze uns schon vorausgegangene Gemeinde. Auch sie stehen alle um den Thron und beten an – ein Fest zur Ehre Gottes.

„Wie im Himmel so auf Erden..." – wir werden mit großer Selbstverständlichkeit darauf aufmerksam gemacht, dass wir hier und heute Maß nehmen sollen an himmlischen Bräuchen für unser ganz alltägliches Leben in Familie und Beruf, in Schule und Freizeit, und vor allem in unseren Gruppen. Wir sollen nicht einfach warten, bis wir dann einmal heim-gehen, nein, wir sollen – und das ist die himmlische Aufforderung – jetzt schon, hier auf Erden, üben, was einst selbstverständlich unser Miteinander mit dem Vater und dem Sohn prägen wird: Lob und Anbetung, Singen und Tanzen, Niederfallen und die Hände erheben, Knien und Stehen, Jauchzen und Schweigen – Lob in den verschiedensten leiblichen, seelischen und sprachlichen Ausdrucksformen, wie ein Rauchopfer dargebracht: gregorianisch, klassisch, mehr- und einstimmig, a capella oder mit vollem Orchester, im modernen Stil oder aus Omas altem Gesangbuch, in amerikanisch weichem oder afrikanisch rhythmischem Stil, in vielleicht asiatischer Eintönigkeit oder mit Georg Friedrich Händels Halleluja, mit oder ohne Melodie, in einer reichen Fülle, die ein wenig nur den Reichtum und die Vielfalt und die Schönheit Gottes widerstrahlt. Diese Formen und Stile können wir tatsächlich jetzt schon einüben, gemeinsam und allein, in den verschiedensten Gruppen und Gemeinschaften. Und weil wir alle im Singen und Beten den Einen meinen, brauchen wir einander gar nicht mehr in unseren Eigenheiten abzulehnen, sondern können mitsingen und mitjubeln, mithören und mitschweigen, wiederholend oder immer wieder neu, allein, gemeinsam oder auch alle gleichzeitig, mit und ohne fremde oder einheimische Zungen. Weil wir alle Ihn meinen, werden wir großzügig, wie Er großzügig ist, freuen wir uns über jeden, der Lob opfert, weil Er unsere Freude ist, staunen wir über die Vielfalt, weil Er vielfältig ist, wundern wir uns über den Reichtum der Ausdrucksformen im Feiern, weil Er reich ist. Und indem wir Ihn loben, „wie im Himmel so auf Erden", Ihn, der auf dem Thron sitzt, und das Lamm, werden wir eine neue Erfahrung machen: Unser Leben beginnt, ein neues Lied zu singen, unser Weinen wird in Lachen verwandelt, unsere Kritik in ein Ja, unsere Selbstgerechtigkeit in Demut, unsere Habsucht in Geben und Nehmen.

So zeigen uns Jesaja und Johannes ein göttliches Muster, ein Vor-bild für das Lob und die Anbetung Gottes. Und zugleich stellen sie uns in den großen Zusammenhang der singenden Gemeinde dort und hier, zusammengefügt aus Glaubenden aller Zeiten. Da schwingt unser noch recht armseliges Lob ein in den vollkommenen Jubel der Erlösten, weil sie Ihn schon sehen, wie Er ist. Ja, Christus selber ist die Mitte und das Ziel unserer Anbetung. Er ist es, den wir preisen. Er selbst ist es, der unserem Lob Beständigkeit verleiht, weil Er „von Ewigkeit zu Ewigkeit" ist.

Loben, weil Gott Gott ist – „wie im Himmel so auf Erden". Loben, weil es uns mit dem Himmel verbindet und mit all unseren Lieben, die uns vorausgegangen sind, auch mit unseren geistlichen Vätern und Müttern. Plötzlich ist eine Verbindung geschenkt, eine Trauer überwindende Gemeinsamkeit, der Lobpreis. Wir loben, weil wir damit unsere Zukunft ins Heute hineinziehen. Zwar dünn und spärlich, aber wir üben himmlische Atmosphäre ein – hier und heute. Ja, so wächst unsere Freude auf den Tag, wo wir Jesus Christus sehen werden von Angesicht zu Angesicht, wenn wir Ihm in die Augen schauen können und nur noch staunen über Ihn und uns, wenn alles offenbar sein wird.

Ein Bild dafür können unsere Urlaubspläne sein. Es sind zwar noch einige Wochen durchzustehen, aber, indem ich Bilder entdecke über meine Feriengegend, Bücher lese über deren Geschichte und Volk, Wanderkarten studiere und die einzelnen Wege innerlich bereits begehe, die Blumen sehe und manchmal schon rieche, an einzelne feine Spezialitäten denke, bekommt mein Hier und Heute bereits schon einen Urlaubsplatz, schon sehe ich etwas erholter aus und bin wieder fähiger, den Alltag zu bewältigen.

Vielleicht meint Paulus etwas Ähnliches, wenn er schreibt: „Trachtet vor allem nach dem, was droben ist, wo Christus ist, sitzend zur Rechten Gottes." Im Lobpreis übe ich himmlische Praktiken ein und schaffe so Hoffnung in dieser Welt und gebe Hoffnung weiter. Wir können letztlich nur ahnen, in welch eine Weite uns das Lob Gottes führt, in ein Land, das Er uns selber zeigt, in dem „Milch und Honig" fließt, Sein Land.

Zur Vertiefung
1.Chron. 16,31; Jes. 6,1-8; Luk. 2,13.14.20; Hebr. 12,22-24; Offb. 5,8-14; 7,9-12

Aus dem Gesangbuch
„Wachet auf", ruft uns die Stimme
(Philipp Nicolai, 1599 / EG 147 / GL 110)

Aus dem neuen Liedgut
Würdig das Lamm, das geopfert ist
(Du bist Herr 1,239)

GEBET

Herr Jesus Christus,
Du bist es, der mein Leben aufbricht
aus dem Einst ins ‚Jetzt aber‘
aus dem Alten ins Neue hinein
aus der Dunkelheit in Dein wunderbares Licht
aus der Zerrissenheit in Dein Heil
aus der Enge in Deine Weite
aus dem Tod in Deine Auferstehung
aus dem Leid zu Deiner Freude
aus dem Nein in Dein Ja
aus der Gefangenschaft in Deine Freiheit
aus der Blindheit in Dein Sehen
aus meinem Mangel in Deine Fülle
aus meiner Asche in Deine Schönheit.
Du bist es, Herr Jesus Christus,
der mein Leben hineinnimmt in Sein Reich
und mich vor dem Thron Gottes vertritt
jetzt schon – aber noch nicht voll-endet
reich – aber noch nicht in letzter Fülle
herrlich – aber noch nicht verherrlicht.
Ich bete Dich an!

Gott wohnt im Lobpreis Seines Volkes

„Gehet zu Seinen Toren ein mit Danken, zu Seinen Vorhöfen mit Loben" – das Volk Israel versammelte sich re-
gelmäßig zum gemeinsamen Lobpreis im Bereich der
Stiftshütte, der Wohnung Gottes während der Wüsten-
zeit. In der Stiftshütte selber war das Allerheiligste, der
Ort, an dem der Heilige Israels wohnte. Es stand in einem großen Hof, der von einem leinenen Vorhang mit
nur einem einzigen Eingangstor umgeben war. Jeder, der
sich Gott nahen wollte, trat durch dieses Tor – genannt:
Dank – in den Vorhof – genannt: Lobgesang – um in die
unmittelbare Nähe Gottes zu gelangen. Auf diese Tat-
sache nimmt der Psalmist Bezug, wenn er schreibt, dass
Gott unter den Lobgesängen Seines Volkes wohnt. Seine
Wohnung, das Allerheiligste, steht mitten im Vorhof des
Lobgesangs. Gott nimmt Wohnung in unserem Lob, ja,
in oft kärglichem, schrägem Lob. Unser Lob wählt Er
aus zu Seiner Krippe, unsere Anbetung wird Herberge
für Ihn. Welch ein Wunder! „Gott ist so freundlich und
nah" – wie es viele Generationen vor uns bereits erfahren haben. Gott wohnt in der Vielgestaltigkeit unseres
Lobpreises. Ja, Er wohnt im Sakrament des Altares, Er
wohnt auch in Seinem Wort. Er will möglichst reichlich
Wohnung nehmen unter uns, damit Er schon hier alles in
allem wird, ganz Er, in uns und um uns – „wie im Himmel so auf Erden".

Und wenn Gott Wohnung nimmt unter uns, in unserem Lob, dann macht Er dies Seiner Art gemäß nicht

kleinlich und mickerig, sondern in Fülle, in großem Reichtum, in Kraft und in Herrlichkeit. Er „füllt unseren Mund". Er erfüllt uns mit Freude, mit überströmender Freude sogar. Er prägt unser unbefriedetes Herz mit Seinem Frieden. Er lässt uns im Lobpreis teilhaben an Seiner Fülle. Welch ein Angebot, welch ein Vertrauen, welch ein Geschenk!

Zur Vertiefung
2.Chron. 5,13.14; Ps. 22,4; 81,11; 100,4; 132,13; Jes. 12,3-6; 25,6-9; Joh. 15,11; Judas 24.25

Aus dem Gesangbuch
Ich steh an deiner Krippen hier
(Paul Gerhardt, 1653 / EG 37 / GL 141)

Aus dem neuen Liedgut
Ich will Deinen Namen preisen unter Deinem Volk
(Du bist Herr 1,124)

GEBET

Du kommst, Herr,
und nimmst Wohnung unter uns
in Deinem Wort
in Brot und Wein
in unserem Lob.
Du legst Dein Leben in unser Herz
und in unseren Mund,
Deine Kraft in unsere Gedanken und unsere Stimme,
Deine Vollmacht in unsere Arme und Hände.
Du schenkst dich
in Deiner grenzenlosen, erbarmenden Liebe
hinein in unser Beten und Singen.
Und wo zwei oder drei Dich loben,
da bist Du gegenwärtig mitten unter uns
wohnend und ordnend
aufdeckend und verwandelnd
aufbrechend und heilend
einend auf Dich hin –
Dich, unseren Herrn!

Das Lob Gottes deckt
Unwahrheiten auf

Gott nimmt Wohnung in unserem Lobpreis. Er nimmt
Wohnung in meinem Singen und Beten, in meinem Den-
ken und Fühlen, Er nimmt Geist, Seele und Leib ein als
Herr und König, als Diener und Freund.

Diese Einwohnung Gottes hält kein Ober- noch Un-
terteufel aus. Er wird in der Konfrontation mit der nun
innewohnenden Wahrheit als Lügner, als Durcheinan-
derbringer, als Verderber entlarvt, und nicht nur das: Er
muss seinen Platz räumen, die Wohnung verlassen, die
Nischen freigeben dem Geist Gottes, dem Geist Jesu,
dem Heiligen Geist. Durch das Lob Gottes und in ihm
wird mir erschreckend bewusst, welchen lügnerischen
Spuren mein Leben folgte, welche Unwahrheiten mein
Denken über mich selber und damit im Zusammenhang
über die anderen und dann vor allem über Gott be-
stimmten, nach welchen toten Skripten meine Gefühle
sich orientierten und welche zwielichtigen Erlaubnisse
ich meinem Leib gebe. Im Lichte des im Lobpreis innewohnenden Gottes werden Sünde und Schuld, innere
Unreinheiten und Unwahrheiten aufgedeckt. Der Lobpreis ist wie ein Schmelztiegel, in dem Gott mein Gold
durch zunehmende Hitze entschlackt und reinigt. Alles
schreit nach Vergebung, mein inwendiger Mensch ruft
nach der Wahrheit, die leer gewordenen Räume suchen
die Erfüllung durch den Heiligen Geist, aufgedeckte

Wunden verlangen nach Heilung. Indem wir Gott über alles loben und Ihm unsere innige Liebe zeigen und sagen, handelt Er an uns und in uns, zärtlich und konsequent, immer darauf bedacht, Sich in uns, in den Gedanken und Gefühlen und in unserem Leib mehr Raum zu schaffen, den neuen Menschen Gestalt werden zu lassen.

So ist das Lob Gottes eine große Hilfe als Vorbereitung für ein seelsorgliches Gespräch, als Einführung in einen Besinnungstag und als Aufbruch aus eigenen festgefahrenen Spuren. Sind wir jedoch dann nicht bereit, Aufgedecktes und Erkanntes zu bereinigen, neue Wege – Jesu Weg – zu gehen, erlahmt und erstirbt jegliches Lob, die Hände sinken in den Schoß, die Stimme wird brüchig, das Gesicht wird versteckt, und die Augen starren wie ehedem nach unten, und das Lob wird bestenfalls eine religiöse Pflichtübung.

Das Lob Gottes weicht ein hart gewordenes Herz auf. Es kann wieder weinen und lachen, es kann wieder Schmerz und Freude zum Ausdruck bringen. Das Lob Gottes deckt bittere Wurzeln auf, die mein Leben und meine Beziehungen belasten. Und Gott will sie mit Seiner heilenden Gegenwart aufdecken und mit zarter Hand ausreißen, damit Neues wachsen und Frucht bringen kann – dreißig-, sechzig- und hundertfältig.

Das Lob Gottes durchbricht Mauern und Hindernisse, selbsterbaute und durch lange Jahre gewachsene. Stein um Stein nimmt Gott weg, schafft sich einen Durch- und Zugang zum Innersten, um es ganz mit Seinen Gaben zu füllen.

Gott beschenkt uns mit der Gabe des Lobpreises, damit wir mit reinem Herzen Ihn preisen und heilige Hände zu Ihm erheben. Er ist ja die Ur-Quelle allen Lobes, Er der Herr.

Zur Vertiefung
Ps. 9,3.4; 24,3.4; 32; 66,18; Jes. 59,2; Matth. 5,23.24; 2.Thess. 2,4; Jak. 4,7.8

Aus dem Gesangbuch
Sei Lob und Ehr dem höchsten Gut
(Johann Jakob Schütz, 1675 / EG 326)

Aus dem neuen Liedgut
Er gab mir Schönheit statt Asche und Freudenöl statt Trauer (Du bist Herr 1,58)

GEBET

Jesus,
Dir gehört mein ganzes Lob
meine ganze Liebe.
Dich schaue ich an
und sehe mich satt an Deinem Bild.
Dir gebe ich mich hin
mit allem, was ich bin und habe.
Dein Sterben ist mein Heil
Dein Tod ist meine Rettung
Deine Auferstehung ist mein Leben.
In Deinem Blut
in Deinem heiligen und kostbaren Blut
– für mich vergossen –
reinige ich meine Gedanken
meine Gefühle und meinen Leib
alles
alles, was Du aufdeckst
alles, was in Deinem Licht unrein ist
alle Lügen
alle Falschheit
alles.
Und Du sagst: „Sei rein!"
Ja, das sagst Du, und es ist die Wahrheit!
Danke Jesus, danke – für alles!

Das Lob Gottes führt uns in Sein Heiligtum

Ja, Gott nimmt uns mit in Sein Heiligtum, in Räume der Hingabe Seines Volkes, wo damals und heute das Lobopfer unseres Glaubens dargebracht wird, an den Ort des großen Hallel, des Lobgesangs, der die mächtigen Taten Gottes immer wieder neu besingt und verkündet. Hier wiederholt sich immer wieder der Ruf:

„Vom Aufgang der Sonne bis zu ihrem Niedergang
sei gelobet der Name des Herrn. Halleluja."

Gott nimmt uns hinein in Seine Nähe, in Sein Haus, heim in Seine Wohnungen. Er freut sich über unser Lob, freut sich über uns und unsere zu Ihm ausgebreiteten Arme.

Welch eine Würde, welch eine Wertschätzung, welch eine Liebe zeigt Er uns da als Vater: dass Er unser Lob als Heimat-Gesang annimmt; welch ein Geben und Nehmen! Und so stimmen wir immer wieder ein in den Schlussvers des Hallels:

„Ich will meine Gelübde dem Herrn erfüllen
vor all Seinem Volk,
in den Vorhöfen am Hause des Herrn,
in dir, Jerusalem. Halleluja."

Zur Vertiefung
Ps. 65,2.3.5; 96,8; 100,4; 116,18.19; 134,1-3; 150,1;
1.Kor. 6,19.20

Aus dem Gesangbuch
Lobt Gott, den Herrn der Herrlichkeit
(Matthias Jorissen, 1798 / EG 300)

Aus dem neuen Liedgut
Kommt in Sein Tor mit dankbarem Herzen
(Du bist Herr 1,158)

GEBET

Welch ein Wunder, Vater,
dass Du uns aufnimmst
in Dein Haus
in Deine Vorhöfe
in Deine Wohnungen
in Dein Heiligtum
in Dein Herz!
Mit welch einer Liebe
kommst Du uns entgegen
in Jesus,
Deinem über alles geliebten Sohn.
Du nimmst den Lobgesang des Glaubens,
der unsere ganze Sehnsucht nach Dir besingt.
Du freust Dich über unseren Jubel,
der Dich meint.
Du nimmst uns in Deine Nähe,
die uns zur Ruhe bringt.

Welch ein Wunder, Vater,
dass Du uns liebst.
Ja, ich liebe Dich, Vater,
über alles!

Gott loben heißt:
die Wahrheit Gottes verkündigen

Tag für Tag können wir in den Zeitungen nachlesen, welche Tageswahrheiten uns gerade schmackhaft gemacht werden sollen, wer was wieder dementiert und wer den „Weg in die richtige Richtung" zu sehen meint. Demgegenüber ist es eine Wohltat, die Wahrheit Gottes zu hören, zu lesen und sie singend weiterzugeben, sie zu verkündigen. Es ist eine Wahrheit, die Leben ist, nachweisbar, nachvollziehbar und unverrückbar, eine Wahrheit, für die Gott selbst alle Bürgschaft übernommen hat, eine Wahrheit, der ich mich voll anvertrauen kann, weil sie Person wurde, Liebe wurde, mich meint, uns, die ganze Schöpfung zu unserem Heil. Und wenn wir im Lob Gottes die Wahrheit hinausrufen, dann sind es Seine Taten, Sein Handeln an Seinem Volk und an Seiner Gemeinde, Seine Treue, Seine Fülle, Sein Da-sein „wie im Anfang so auch jetzt und allezeit und in Ewigkeit". Durch dieses Lob wird unser Glaube fester, unsere Liebe stärker, unser Vertrauen größer und unser Leben vollmächtiger. Denn oft bekräftige ich – wie viele Beter vor mir – die Wahrheit Gottes gegen allen äußeren Augenschein und gegen jede innere Erfahrung. Aber nur so gewinnt Gott freie Hand zu Seinem Wohltun. Nur so wird mein schillerndes Leben klarer, durchsichtiger, nur so trete ich aus dem Zwielicht in Sein Licht, nur so weichen die Lügen – dann, wenn die Wahrheit siegt.

Wenn wir im Lob Gottes Seine Wahrheit verkündigen, werden wir zu einem Zeugnis für unseren Dienstherrn. Der Lobpreis ist sowohl im Himmel wie auch auf der Erde ein Zeugnis Gottes, Ihm zur Ehre. Denn er weist immer in eine Richtung, nach oben, zum Thron Gottes und dem Lamm. Sowohl unsere Haltung wie auch unser Ausdruck weisen in eine Richtung: Gott selbst ist die Mitte und das Ziel allen Lobes. Dem hat sich alles andere unterzuordnen.

Zur Vertiefung
5.Mose 32,3-6b; 1.Chron. 16,8-15.23-29; Ps. 23; 36,6-10; 103,1; 117; 118,1-5; Jes. 43,1-7; Eph. 1,3-8.12; Offb. 12,10.11

Aus dem Gesangbuch
Jesus ist kommen, Grund ewiger Freude
(Johann Ludwig Konrad Allendorf, 1736 / EG 66)

Aus dem neuen Liedgut
Ich will singen von der Gnade meines Herrn
(Du bist Herr 1,131)

GEBET

Dass Du mich willst, Herr,
dass Dein Ja mein Leben trägt
dass Du mich liebst
dass ich Dir wertvoll bin
– Deinen einzigen geliebten Sohn wert –
dass Du mir Dein Vermögen anvertraust
Deine Wahrheit
Deine Vollmacht
Deine Kraft
dass Du mich mit hineinnimmst
in den Bau Deines Reiches
in die Mitverantwortung
als Deine Bevollmächtigte
dass Du in mir schon
den neuen Himmel und die neue Erde beginnst
in mir
in uns
in Deiner Gemeinde
der Anfang Deiner Vollendung:
Das ist Deine Wahrheit,
die ich nur nach und nach einsickern lassen kann
in mein Leben.
Ja, ich will Deine Wahrheit verkünden
bis in alle Ewigkeit.

Gott loben – Er handelt

Da sitzen sie im Gefängnis, Paulus und Silas, verwundet von harten Schlägen, halb nackt, mit zerfetzten Kleidern, im dunkeln, feuchten, innersten Verließ von Philippi, gut bewacht, die Füße unbeweglich im Block. Gerade noch hatten sie miterlebt, wie Gott Lydia das Herz aufgeschlossen hatte und sie sehend wurde. Gerade noch hatten sie miterlebt, wie Jesus Christus durch sie das innerste Gefängnis einer vom Teufel gehaltenen Frau sprengte. Wieder einmal mehr hatten sie erlebt, dass Jesus Christus der Herr ist, dass Er tatsächlich gekommen ist, um Blinde sehend zu machen und Gefangene zu befreien.

Gilt diese Wahrheit auch ihnen? Gilt diese Wahrheit auch in ihrer aktuellen misslichen Situation, die nach menschlichem Ermessen hoffnungslos und aussichtslos war? Ja, es war rundherum Mitternacht, kein geeigneter Zeitpunkt des Singens und Lobens. Und trotz allem: Wenn ich versuche, innerlich hinzuhören, was die beiden Männer singen, dann höre ich in etwa: „Er ist Herr, Er ist Herr. Er ist auferstanden, und Er ist Herr. Jedes Knie muss sich beugen, jede Zunge muss bekennen, dass Jesus ist der Herr." Das ist die Wahrheit, die sie besingen. Sie loben den König und Sieger, sie ehren Gott als den Heiligen und Höchsten, sie loben Ihn so laut, dass die Mitgefangenen mithören, einbezogen werden in das Kraftfeld des Lobes Gottes. Und indem sie Gott über allem und über alles ehren, geschieht das Wort der Befreiung auch zu ihnen. Gott nimmt Wohnung im Lobpreis Seiner Jünger. Und wenn Gott einwohnt, sprengt Er zugleich alle Mauern, alle Vorstellungen, alle Grenzen, alle Räume. Dann fallen die Fesseln, dann wanken bisher gesicherte Strukturen, dann gerät alles in Bewegung, dann öffnen sich Türen in nie geahnter Weise, dann wird die Gefängnisruhe empfindlich gestört, dann geschieht Rettung und Befreiung.

Indem sie Gott loben, beginnt Er zu handeln. Während sie Ihm alle Ehre geben, beginnt Er nach Seiner Art zu wirken. Lob Gottes lässt keinen und nichts unberührt in seiner je eigenen Situation. Haben wohl deshalb so viele Menschen Angst vor dem reichen Lob Gottes? Weichen deshalb so viele ins Bitten und Klagen aus? Weil sie sich in ihren Gefängnissen eingerichtet haben? Weil sie sich innerhalb der selbstgewählten Grenzen wohnlich fühlen? Welch ein Angebot Gottes: Ihr lobt und ehrt mich, und ich kämpfe für euch.

Dieselbe Erfahrung macht das Volk Israel mit seinem König Josaphat im Kampf gegen die Übermacht der Edomiter. Der König mit seinem ganzen Volk nimmt sich in dieser notvollen Situation Zeit, das Angesicht Gottes zu suchen, im Hause des Herrn, im Vorhof, da, wo der Lobpreis dargebracht wird, da, wo Gott wohnt. Und alle beginnen Gott zu loben, Seine machtvollen Taten zur Zeit der Väter, Seine Herrschaft im Himmel, Sein Herr-Sein über die ganze Erde. Sie rühmen Gottes Kraft und Macht durch alle Zeiten hindurch. Auf diesem gewaltigen Hintergrund, der eigentlich bereits schon Sieg verkündet, ja, der – genauer besehen schon Sieg ist, schildert der König die bedrängte Lage. Und da weist Gott den Weg: Zieht hinab, dem Feind entgegen, tretet hinzu, steht, schaut, lobt mich mit laut schallender Stimme, in heiligem Schmuck, danket mir. Denn ich werde kämpfen, spricht der Herr, nicht ihr! Welch eine Anweisung! Der König und das Volk nehmen Gott beim Wort, ziehen dem Feind entgegen, loben und danken ihrem Herrn mit lauter Stimme und vielen Instrumenten, und – während sie Gott alle Ehre geben – werden die Feinde geschlagen – vom Herrn selbst. Das Fazit dieser neuen tiefgreifenden Glaubenserfahrung lautet: Der Herr hatte ihnen Freude gegeben an ihren Feinden, so dass sie mit Psalter, Harfen und Trompeten heimziehen und dadurch in allen Dörfern das wunderbare Handeln Gottes verkünden.

Ist dies nicht dieselbe Erfahrung, die Daniel mit seinen Freunden in der Löwengrube machte? Es sind vor allem die Menschen im Alten Testament, die sich im Lobpreis ganz dem Handeln Gottes anvertrauen und dadurch Seine Taten verkünden. So werden sie für viele zum Ansporn, sich diesem einmaligen Gott und Herrn anzuvertrauen.

Zur Vertiefung
2.Chron. 20,1-30; Jes. 43,12; St. zu Dan. 2.3.4;
Apg. 3,8.9; 4,23-31; 16,23-26; 2.Kor. 10,3-5;
Phil. 2,10.11; 1.Petr. 5,8

Aus dem Gesangbuch
Kommt her, des Königs Aufgebot
(Friedrich Spitta, 1898 / EG 259)

GEBET

Wenn Du Gefangene befreist, Jesus,
wenn Du Fesseln zerreißt
wenn Du den Block aufschließt
wenn Du Dein Licht
durch alle Dunkelheit hindurch einlässt
wenn Du Türen öffnest
wenn Du Mauern sprengst
wenn Du Freiheit schenkst
wenn wir die Hände frei zu Dir erheben
wenn wir ganz neu mit Dir gehen
wenn wir andere durch Dein Handeln mitreißen
wenn Du das alles tust, Jesus,
„dann wird unser Mund voll Lachens
und unsere Zunge voll Rühmens sein!"
Du willst es, Jesus,
und wir:
wollen wir Befreiung
wollen wir weiten Raum
wollen wir Heilung
wollen wir Dein Heil?
Herr, erbarme Dich unser!
Christus, erbarme Dich unser!
Herr, erbarme Dich unser!

Gott befreit zum Lobpreis

Eigenartig, seit ich mich stärker mit dem Lob Gottes beschäftige, fällt mir auf, wie die Begegnung mit Jesus und Sein Handeln an einem Menschen in spontanes Lob einmündet, so, wie wenn der Einzelne erleichtert aufatmen würde, weil er angekommen, heimgekommen ist.

Das beginnt schon bei der Begegnung der Hirten mit dem Kind in der Krippe: Preisend und lobend, mit wohl rauhen Stimmen singend, kehren sie heim. Auch der greise Simeon, mit dem Kind in den Armen, findet nur noch Worte des Lobes. Der Gelähmte, nachdem er eine tiefe innere Heilung erfahren hat, steht auf, nimmt sein Bett und preist Gottes Heilkraft. Der ehemals besessene Gerasener wird von Jesus heimgeschickt, damit er umfassendes Lob Gottes lebe, auch zum Zeugnis für seine Volksgenossen. Der zutiefst gebeugten und gekrümmten Frau spricht Jesus Befreiung zu von allen krummen Wegen, von allen sie krümmenden Lasten, von allen sie zermürbenden Erinnerungen. Er legt Seine Hand auf ihre Krümmung, in ihre Wunden, und sogleich richtet sie sich auf und preist Gott. Jesus befreit sie, richtet sie auf zum Lobpreis, wie Maria, die aufgerichtet betet: „Meine Seele erhebt den Herrn!"

Die Heimkehr des Verlorenen Sohnes gipfelt in einem Fest zur Ehre Gottes, denn Er hat ihn aus dem Tod ins Leben geliebt. Von den zehn Aussätzigen sind alle geheilt, aber nur einer ist gerettet, nur einer kehrt um und gibt Gott die Ehre, nur einer kommt an, nur einer kommt heim in die Arme dessen, der ihn befreit hat.

Ja, Gott befreit uns, damit wir Ihm dienen, d.h. zutiefst: Ihn ehren, Ihn verehren, Ihn loben, Ihn segnen, Ihm in der je neuen Situation ein inneres und äußeres Fest feiern. Gott befreit nicht nur zum körperlichen Heilsein, Er befreit voll-umfänglich zur Erlösung und Rettung.

Zur Vertiefung
Jes. 61,3; Luk. 1,74.75; 5,25; 13,11-13; 17,15-18; 18,43; Apg. 3,8.9; 2.Thess. 3,5

Aus dem Gesangbuch
Kündet allen in der Not
(Friedrich Dörr, 1972 / EG-BT 540 / GL 106)

Aus dem neuen Liedgut
Du vergibst mir all' meine Schuld (Du bist Herr 11,59)

GEBET

Ja, Herr,
das Lob ist nichts anderes
als hörbare innere Gesundheit
das Lob ist nichts anderes
als hörbares Zeichen der Heimkehr
das Lob ist nichts anderes
als hörbare Vergebung
das Lob ist nichts anderes
als eine hörbare Umarmung
das Lob ist nichts anderes
als hörbare Freundschaft
das Lob ist nichts anderes
als hörbare Liebe
das Lob ist nichts anderes
als zutiefst daheim zu sein
angekommen zu sein
beim Vater
in Seinen Armen
zu Seinem Fest.
Nimm meinen Dank
für allen hörbaren Anfang
für alles.

Leibhaftig Gott loben

Mit dem Leib beten, mit meinem Leib Gott loben – wie sieht das aus? Wie sieht Gebet eigentlich aus? Gähnen, ja, das ist mir bekannt, lachen und weinen auch, aber beten und loben? Lieben, das spüre und sehe ich an den Augen, an der Mimik, an der ganzen Körperhaltung, am Händedruck und am Schritt; eigentlich drückt der ganze Mensch Liebe aus – wenn er liebt. Aber beten und loben?

Wenn Jesus bei einem Menschen Vertrauen und Glauben weckt, dann berührt Er ihn mit Seiner Hand und blickt ihn liebevoll an; wenn Jesus einen Menschen zum Glauben ermuntert oder auffordert, setzt Er ihn in Bewegung, lässt ihn aufstehen und weitergehen. So ist es auch mit dem Gebet:

Gebet drückt sich also nicht nur in unsichtbaren Denkprozessen aus oder in ausdrucksstarken, innigen Worten, sondern nimmt vor allem auch Gestalt an in und mit meinem Leib und meiner Seele. Gebet ist nicht nur Verstandes- und Herzens-Sache, sondern auch Leibes-Sache. Gebet, und so auch der Lobpreis, ist eine ganzheitliche, den ganzen Menschen umfassende Erfahrung.

Wenn Jesus einen Menschen in Seine Nachfolge ruft, dann ruft Er Leib, Seele und Geist an. Im Glauben und im Gebet antworte ich mit Geist, Seele und Leib auf diesen Seinen Anruf. Ich entspreche dem Ruf in allen Bereichen meines Seins, nicht nur in Worten; ich bringe in der

Antwort mein ganzes Sein, mein Leben und Wesen zur Sprache. Gott spricht, und ich ent-spreche Ihm ganz. Das ist es, was glauben und beten meint: in Beziehung zu Gott zu leben und mein Leben – so wie es ist – Ihm zu öffnen und vor Ihm zur Sprache zu bringen.

Aber wie beziehe ich Leib und Seele in das Gebet mit ein? Wie verhelfe ich meinem Leib zum Gebet? Wie lehre ich ihn beten? Ein Blick allein schon auf die Psalmen macht Mut, meine Seele und meinen Leib zur Sprache zu bringen im Lachen und Weinen, im Singen und Klatschen, im Stehen und Tanzen, im Knien und Liegen, im Jauchzen und Schreien. Und gerade dabei wird deutlich, dass die Sprache der Seele nicht von der Sprache des Leibes zu trennen ist und schon gar nicht von meinem Verstand. Mein Gebet, mein Ja zu Jesus Christus, meine Hin-Wendung zu Ihm drängt dazu, ganzheitlich zu antworten.

Dies kann deutlich werden im Sitzen:

Wenn ich deutlich spüre, wie ich mich der Sitzfläche und dem Boden überlassen kann, überhaupt mich lassen, mich anvertrauen kann. Der Boden trägt mich, ich bin getragen und gehalten, ich kann mich niederlassen; ich habe einen Grund gefunden, dem ich mich anvertrauen kann – jetzt, für diese Zeit. Aus diesem Lassen heraus, verwurzelt im Vertrauen in meinen Grund und Boden, kann ich mich aufrichten, aufrecht sein, aufrichtig und offen, bereit mit einer Haltung gelassener Aufmerksamkeit, um gesammelt hören zu können auf das, was mir gesagt ist, Sein Wort. Mein Leib – ich – ist ganz

Ohr, damit das Gehörte und mir Zugesagte in mich einsickern, in mein Inneres hinabsinken, Fleisch werden
kann in mir – aufdeckend und verwandelnd. „Gott laß
mich sitzen vor Dir, Dich anschauen und bewundern,
Dich hören und in mich aufnehmen." (A. Rotzetter)

Dies kann deutlich werden im Stehen:

Als bewusstes Tun, wenn ich wahrnehme, dass ich stehe und wie ich stehe, mein Becken, meine Beine, meine
Füße, meine Fußsohlen. Achtsam kann ich wahrneh-
men, wie mein „Stand" ist: fest und kraftvoll oder labil
und müde. Stehen, das ist die uns zugedachte Haltung:
Ich habe einen Stand, ich habe Boden unter den Füßen,
ich bin „getragen, verwurzelt und gegründet", ich stehe
aufrecht auf dieser Erde und stelle mich meinem Leben
und seiner Würde. Ich stehe aufgerichtet, aufrecht und
ausgerichtet zu Ihm hin, der „droben ist", mit öster-
licher Haltung, ganz Mensch, ganz Er in mir. Und so
gehe ich meinen Weg: gerichtet, nicht verbohrt in die
Erde und in alles Erdige, mit offenem Gesicht, nicht
wegsehend, wissend um das „aus Ihm und durch Ihn
und mit Ihm und in Ihm ist alles, Ihm sei Ehre in Ewigkeit. Amen."

Dies kann deutlich werden im Liegen, im Knien:

Mit wie eine Schale geöffneten Händen, mit erhobe-
nen Armen, im Gehen, mich verneigend, mit offenen
oder geschlossenen Augen, mit dem Segenszeichen des
Kreuzes, mit gekreuzten Armen. So kann ich für das tägliche Lob Gottes meine leibliche Form der Anbetung su-

chen und finden. Sie hilft mir, meinen treuen Bruder Leib hineinzunehmen in mein Lob.

Dies kann deutlich werden im Atmen:
Es ist das eigentliche Gebet meines Leibes. Es betet in mir, immer wieder, immer wieder neu. Ich kann den Atem kurzfristig anhalten, aber das Gebet meines Leibes ist stärker und durchdringt jegliches Zögern und jede diffuse Ablehnung meines Lebens. Dieses von unserem Schöpfer eingestiftete Gebet nimmt meinen Leib Tag um Tag, Nacht um Nacht, wenn ich sitze oder stehe, wenn ich ruhe oder gehe hinein in das Lob der Lebendigkeit und Herrlichkeit Gottes. So lohnt es sich, immer wieder sich einen Freiraum zu schenken, um in Ruhe auf den eigenen Atem zu achten, sein Kommen und Gehen, und sich still zu freuen über Sein Gebet, Seinen Lobpreis in mir. Sein Gebet wirkt, durchwirkt mich und hinterläßt eine tiefe, gewisse Heiterkeit des Herzens.

Zur Vertiefung
Offb. 19,3.4; Esra 3,11-13; Ps. 63,5; 84, 3; 95,6;
Spr. 17,22; Joh. 7,38; Kol. 2,7; 3,1-4;
Röm. 11,36; 12,1

Aus dem Gesangbuch
Wenn ich, o Schöpfer, deine Macht
(Christian Fürchtegott Gellert, 1757 / EG 506)

Aus dem neuen Liedgut
Meine engen Grenzen, meine kurze Sicht (EG-KW 584)

Das Lob Gottes ist eine Entscheidung

Tatsächlich gibt es immer wieder Situationen, in denen mir jegliches Lob auf den Lippen, ja selbst in meinem Herzen erstirbt. Dann, wenn mein Leben not-voll gelähmt ist, wenn eine Krise mich schüttelt, wenn mein Herz sich vor Schmerzen zusammenzieht, wenn Schuld mein Beten besetzt, wenn Ungeordnetes mich zerstreut. Im allgemeinen spüre ich da keine Lust mehr zum Lob Gottes. Da fehlt jeglicher Saft, da macht sich Unmut in mir breit, da umschiffe ich mehr oder weniger erfolgreich mein Beten mit anderen Tätigkeiten.

Zutiefst weiß ich, dass dies kein Weg und schon gar kein Ausweg ist. Zutiefst weiß ich, dass mein Leben, ohne dass es Gottes „ich will dich" entspricht, verrannt, verfehlt ist und ins Leere läuft. Immer wieder braucht es in diesen Zeiten eine ganz bewusste Entscheidung zum Lob Gottes, auch wenn keine einzige Faser meines Herzens Ihn spürt. So entschließe ich mich zum „Ich will dich loben allezeit; Sein Lob soll immerdar in meinem Munde sein." Dieses „Ich will" gegen alle meine Gefühle, gegen alle derzeitigen Erfahrungen, gegen mein verstocktes und verranntes Herz über Stunden, Tage, ja Wochen hinweg wird zu einer eigenen geistlichen Übung der Selbstausrichtung, der Treue, der Einstimmung in Sein Handeln in meinem Leben, in Sein Wort und in Seine Zeit der Antwort. Das Lob Gottes ist eine Entscheidung, eine bedeutsame Entscheidung in Zeiten der Trockenheit und Dürre – dann, wenn weit und breit kein quellfrisches Wasser zu sehen und zu genießen ist. Lob Gottes trotz allem, trotz meiner selbst, das eröffnet mir den Weg zu Seinem Herzen. Er soll wissen, dass ich will, dass Er mir wichtig ist, dass ich wieder einen Zugang suchen und finden will, dass die Nähe Seines Herzens für mich überlebenswichtig ist, dass Sein Wort Gültigkeit hat, dass ich Seine Berührung brauche, dass ich ohne Ihn nicht leben will. „So will ich dich loben mein Leben lang" – immer wieder neu, immer wieder mit durch Krisen geschüttelter Stimme, immer wieder mit brüchigen Worten. Aber „Du weißt, Herr, Du weißt alle Dinge, Du weißt, dass ich Dich lieb habe!" Deshalb – aus dieser Entscheidung heraus lobe ich Dich, neu und mit ganzem Herzen – täglich.

Zur Vertiefung
Ps. 34,2; 63,5; 71,8; 146,2; 115,17.18; Joh. 21,15ff; Offb. 7,12

Aus dem Gesangbuch
Ich will dich lieben meine Stärke
(Johann Scheffler, 1567 / EG 400)

Aus dem neuen Liedgut
Ich will singen dem Herrn mein Leben lang
(Du bist Herr 1,130)

GEBET

Herr, Du kennst mich, Du weißt alles,
Du weißt, dass ich Dich lieb habe.
Ja, Dein Herz eröffnet mir immer wieder
den Zugang zu Dir.
Deine Hände berühren meine Härten und Mängel.
Dein Blick umfängt mein Nicht-mehr-Wollen.
Du bist ganz Ohr für alles Reden und Schweigen.
Deine Lust höhlt meine Unlust aus.
Deine Freude an mir untergräbt
meine diffuse Traurigkeit.
Dein Segen legt sich um mich
wie ein warmer Hirtenmantel.
Dein Amen setzt allen Selbstvorwürfen ein Ende.
Du willst mich und mein Leben,
Du willst mich und mein Lob,
Du suchst mich, damit ich Dich finde.
Und so wächst in mir immer mehr:
Ja, Herr, ich will,
ich will Dich,
ich will Dich loben,
allezeit, mein Leben lang –
weil Du Gott bist,
mein Herr und mein Gott.
Amen.

GEBETSÜBUNG

Ich setze mich in einer entspannten, aufrechten Haltung hin, meine Füße auf dem Boden; ich nehme wahr, wie ich jetzt da bin und da sein darf.

Ich wende mich dem Atem zu und nehme ihn wahr, wie er kommt und geht, wie er durch meine Nase ein- und ausströmt. Ich überlasse mich ihm und bleibe eine Weile achtsam dabei.

Wenn ich mit meinen Gedanken abschweife, nehme ich es wahr und verabschiede mich von ihnen und wende mich erneut dem Atem zu, wie er kommt und geht.

Der Atem, das Gebet meines Leibes: Ich überlasse mich diesem Gebet, vertrauensvoll und offen, denn: „Da formte Gott, der Herr, den Menschen aus Erde vom Ackerboden und blies in seine Nase den Lebensatem."

Ich mache mir bewusst, dass der Atem innigste und lebendige Gegenwart Gottes ist, die einzieht in mein Inneres, mich erfüllen will und Unlauteres, Unwahres aufdeckt und ans Licht bringt. Zugleich überlasse ich mich Ihm mit jedem Ausatmen, mich Ihm hingebend, liebevoll und offen.

Ich beende eine solche Gebetszeit behutsam und schließe ab mit einem Lob und Dank. Ich kann auch meinem Atem ein Gebetswort unterlegen, so etwa beim Einatmen „Jesus", beim Ausatmen „Christus" oder „Abba" – „Vater". So finde ich zu einem tiefen, inneren Beten, das ich sehr achtsam und oft üben darf, um Seine Nähe zu spüren und einfach bei Ihm zu sein.

In der Reihe „Geistlich Leben" ist bereits erschienen:

Gerhard Ruhbach
Geistlich leben. Wege zu einer Spiritualität im Alltag
ISBN 3-7655-5481-2

Reinhard Deichgräber
Gottes Willen erkennen und tun
ISBN 3-7655-5482-0

Wolfgang Kubik
Verschlossenheit und Sehnsucht
Begleitende Gespräche mit jungen Menschen
ISBN 3-7655-5483-9

Reinhard Deichgräber
Und unterwegs wirst du ein anderer Mensch
Vom Wunder der Wandlung
ISBN 3-7655-5484-7

Stefan Kunz
„Ihr seid meine Freunde"
Von der Freundschaft mit Gott
ISBN 3-7655-5485-5

Dietrich Woesthoff
Der Anpaßung widerstehen
Christliche Spiritualität und die Macht der Technik
ISBN 3-7655-5486-3

Paul Martin Clotz
Unterwegs mit Gott
Ökumenische Pilgerwege
ISBN 3-7655-5487-1

Rolf Kempf
Kerzen, Chöre und Ikonen
Geistliches Leben in der orthodoxen Kirche
ISBN 3-7655-5488-x

Reinhard Deichgräber
Stufen des Glaubens – Stufen des Lebens
ISBN 3-7655-5489-8

Siegfried Großmann
Zwischen Zukunftsangst und Zukunftshoffnung
ISBN 3-7655-5490-1

Ruth Meili
Mein Herr und mein Gott
Das Leben vor Gott zur Sprache bringen
ISBN 3-7655-5491-x

Karl Heinrich Ehrenforth
Gott singen mein Leben lang
Vom Dank der Beschenkten
ISBN 3-7655-5492-8

Kommunität von Reuilly
Leben aus der Freude an Gott
Eine christliche Lebensregel
ISBN 3-7655-5493-6

Reinhard Deichgräber
Aschenbahn und Himmelreich
Spiritualität in Sport und Spiel
ISBN 3-7655-5494-4